AF331662

CÉSAR AUX ÉLECTIONS.

SUFFRAGE UNIVERSEL !!!

Avec un beau portrait

DE CÉSAR.

Prix : 50 centimes.

25 c. sans portrait.

PARIS,

GARNOT,
7, RUE PAVÉE SAINT-ANDRÉ,

BARBA,
4 BIS, RUE DE LA PAIX,

1848

IMPRIMERIE DE RAYNAL, A RAMBOUILLET.

CÉSAR

AUX ÉLECTIONS.

(An 58 avant J.-C. — An de Rome 696.)

Les élections! le suffrage universel! Grandes et nobles institutions chez un peuple que le luxe et les vices inséparables d'une civilisation avancée n'ont pas encore corrompu! Le présent nous échappe : qui prétendra porter un jugement infaillible sur les événements dont nous sommes témoins. Une confiance exagérée, des alarmes que rien ne justifie, voilà les deux mobiles opposés des jugements contemporains. Etudions le passé : il renferme peut-être les enseignements de l'avenir. Nous exposons des faits : s'ils contiennent d'utiles leçons, que ceux qui ont des yeux, voient, et que ceux qui ont des oreilles, entendent.

La république romaine est née d'une aristocratie ; le peuple s'agite à son tour, et plus il augmentera son pouvoir, plus il s'efforcera d'absorber cette aristocratie, comme elle-même a absorbé la royauté. Mais entre le commencement de la lutte, entre le premier travail du peuple pour se dégager des entraves aristocratiques, et se retrouver lui-même ; entre ce moment et celui où, devenu fort, il deviendra agresseur, et cherchera à dominer seul, il y a un temps d'arrêt. Les forces opposées se font équilibre ; il y a, en apparence du moins, une merveilleuse combinaison, et c'est le beau moment de la constitution romaine. Peuple, sénat, magistrats, les droits de tous sont sagement contrebalancés. La religion de l'État les consacre et leur sert de base ; la simplicité des mœurs, résultant de la vie rustique, les cimente. Pas d'anarchie, et surtout pas de despotisme militaire.

Lorsque cet équilibre sera ébranlé, la puissance et les richesses de Rome se seront prodigieusement accrues ; les sciences et les arts de la Grèce auront animé les esprits d'une vie nouvelle et augmenté encore les raffinements du luxe. L'ancienne république est attaquée dans ses fondements. La démocratie, personnifiée dans les tribuns, veut se mettre à la tête du gouvernement, et contribue ainsi à l'ébranlement des vieilles institutions ; mais du sein de l'aristocratie vont sortir des dictateurs, qui préluderont à la monarchie. La mort de César ne sauve pas la république ; elle amène Auguste au pouvoir ; ce n'est qu'un changement de nom.

Les mœurs politiques ont naturellement suivi la marche des mœurs privées, chez un peuple surtout où la vie publique absorbait les citoyens. Le luxe envahit Rome : la corruption vient à sa suite, et nous voyons le scrutin secret introduit dans les élections des magistrats (143 ans av. J.-C.) ; jusqu'alors les suffrages s'étaient donnés de vive-voix. La loi nouvelle était-elle faite pour empêcher l'intimidation ou favoriser la corruption ? *O ville ! tu serais à vendre, si tu trouvais un acheteur !* dit bientôt Jugurtha en s'éloignant de Rome (111).

Le démagogue Marius et l'aristocrate Sylla personnifient la lutte des deux éléments opposés ; mais *Sylla, homme violent, mène violemment les Romains à la liberté.* La dictature était le remède extrême apporté à un mal extrême ; aussi les dictateurs abondent : dictateurs de la liberté, comme Sylla ; dictateurs de l'orgueil, comme le grand Pompée ; dictateurs de la richesse, comme Crassus ; plusieurs Marius vont revivre dans César. Mais César voit régner la corruption autour de lui, et pour établir un meilleur ordre de choses, il se servira de la corruption. « S'il est jamais permis de violer la justice, c'est pour régner, » a dit Eurypide ; et César répétait souvent ces vers d'Eurypide. Ils expliquent la vie de César ; mais César dut envier la gloire de Caton se déchirant les entrailles ; et lorsque César triompha de Pharnace, de Ptolémée et de Juba, il put entendre cet arrêt prononcé contre lui par ses soldats : « Si tu es honnête homme, tu seras puni ; si tu continues d'être injuste, tu périras. » Cette vérité ne fut pas entendue de César : il répondit à ses soldats en leur accordant des récompenses énormes, dont ils ne furent pas satisfaits. Le coup de poignard de Brutus accomplit la prophétie ; mais la réponse de César à Brutus fut le cri du cœur.

Que faisaient les ambitieux pour s'attacher la faction populaire et contrebalancer l'autorité du sénat ? César prodiguait les jeux et les spectacles ; le sang des gladiateurs en relevait la magnificence ; Catilina se présentait aux comices consulaires, escorté d'une brillante jeunesse et des vétérans de Sylla, milice destinée à enlever les suffrages ; Pompée suscite la plus vile populace, fomente l'anarchie, pour en faire sortir la dictature à son profit.

Vain espoir ! Il faut partager avec César. Le *riche* Crassus sert d'intermédiaire et vient s'interposer lui-même dans la dictature ; pour nouer la chaîne des révolutions, l'or est toujours le plus ferme anneau. César est nommé consul : première conséquence du triumvirat.

Les suffrages furent achetés ; le sénat oppose aux trois ambitieux un autre candidat ; M. Calpurnius Bibulus est nommé, et les suffrages sont encore achetés ; argent perdu ! César fit chasser son collègue du Forum, et cette année fut en réalité marquée par le consulat de C. et J. César.

Comment les suffrages ne se seraient-ils pas vendus ? Le luxe et la débauche dévoraient Rome. On bâtissait sur les mers, on aplanissait les montagnes. Les *villæ* étaient devenues des cités. Repas, habits, équipages, bâtiments, tout échappait aux lois somptuaires. L'exemple des plus grands donnait la fièvre aux plus petits; les soldats et le peuple avaient leurs distributions et leurs fêtes, *panem et circenses.* Pompée devint ainsi l'idole du peuple, en flattant, par des spectacles, sa sensualité frivole et féroce. Les accusations se multipliaient : brigue, violence, concussion, trahison, empoisonement, faux témoignage, débauche, elles mettaient au grand jour toutes les plaies morales de Rome. La corruption de la république multipliait les lois. Les hommes faisaient défaut : parmi la noblesse, Cicéron ne voyait pas même *l'ombre d'un citoyen.* Quant à Caton, *il opinait comme dans la république de Platon* (1), *et non comme dans la lie de Romulus, populace misérable, affamée, sangsue avide de harangues et d'argent.*

Voilà les citoyens appelés à nommer des consuls ! Rome est en émoi; César revient de sa préture d'Espagne; le sénat oppose Bibulus. L. Luccéius se présente : il compte sur ses richesses (2).

Les clients assiégent avant le jour la maison de César, dans la voie Suburane; il y a quelques visiteurs dévoués; beaucoup de ces clients de tous les jours, qui persécutent sans cesse leurs patrons et les fatiguent de leurs demandes; on retrouve là, comme partout, les flatteurs de tout pouvoir qui s'élève, les *salutateurs,* qui vont chez tous les candidats épier les tours de roue de la fortune. César les comble de prévenances, s'attache à chacun d'eux; en revanche, il comprend dans le même remercîment tous ses clients habituels, sur lesquels il compte. Il flatte ceux qui sont dévoués par leur dévouement même.

(1) En vente, chez les mêmes éditeurs : *La République de Platon.*

(2) Ici nous avons puisé de précieux renseignements dans le remarquable ouvrage de M. Dérobry, intitulé : *Rome au siècle d'Auguste.*

A la troisième heure, César va saluer le peuple au Forum. Ses agents l'y ont précédé ; ils vont au devant de lui dans la voie Sacrée ; quelques hommes *salariés* forment le cortége que le bon peuple, par esprit d'imitation, aura la complaisance de grossir.

Des citoyens influens sont perdus dans la foule ; il faut s'adresser à eux ; des nomenclateurs les indiquent adroitement à César. Il les distingue ; il leur prodigue les compliments, et les citoyens, flattés, admirent en même temps le tact de César et leur importance dans l'État. Mais un homme tel que César *connaît ses électeurs ;* depuis longtemps il les cultive ; il va au devant d'eux, il les nomme ; et ceux-ci se chargent du même travail auprès des citoyens qu'ils connaissent. Pouvoir des noms !

César ne dédaigne personne ; sa main recherche celle de l'affranchi influent ; sa physionomie parle encore plus que ses paroles ; elle se conforme aux pensées de chacun, elle exprime tous les sentiments divers de la multitude ; elle sourit à l'esclave, si l'esclave peut assurer le suffrage du maître. César, en un mot, promet tout à tous ; il tiendra ses promesses à ceux qui pourront le servir utilement. Le plus honnête homme du monde accorde une trève à sa probité, en faveur de sa candidature.

Mais voici Luccéius, un des candidats ; César et lui s'abordent avec des signes d'intelligence ; la guerre entre eux n'est plus qu'apparente. César a pour lui Pompée et Crassus ; il agit puissamment sur le peuple ; Luccéius a pour lui la richesse. Ces deux éléments opposés peuvent s'exclure ; ils se sont réunis pour assurer le succès commun. César et Luccéius ont fait un pacte ; les frais des deux élections seront supportés par Luccéius, et César s'est engagé à le faire nommer concurremment avec lui. Aussi les interprètes, agents de corruption, sont en campagne ; ils vont s'entendre avec les meneurs et marchander les suffrages. Mais les agents les plus actifs sont les *diviseurs*, chargés de partager le peuple dans chaque tribu, suivant la division indiquée par le genre de comices; telle est du moins leur mission légale; en réalité, ils préparent les élections de ceux qui les paient. Ils sont acquis à César. Les millions de sesterces ne coûtent rien en pareil cas, et des *sequestres* les reçoivent religieusement en dépôt.

Bibulus est appuyé par le sénat. Les plus illustres patriciens le soutiennent; l'austérité de Caton, son beau-père, le recommanderait aux Romains, si les Romains n'étaient pas dégénérés. D'ailleurs les lois aufidia et calpurnia ne punissent-elles pas la corruption des suffrages? Bibulus pourrait les invoquer; mais, en accusant César, il s'accuserait lui-même d'impuissance; il dirait à tous que sa candidature est perdue. Une semblable accusation frapperait la majorité des citoyens, et il s'agit de les gagner. Bibulus et le sénat vont donc imiter César. Rome est à l'enchère.

Les trois candidats, vêtus de toges blanches, se promènent dans le Forum. Seul, le cortége de Bibulus soutient le décorum; on y remarque des sénateurs, des juges, des chevaliers. Le cortége de César et celui de Luccéius indiquent assez, par les hommes qui les composent, la manière dont ils ont été recrutés.

Le jour des comices est venu. Le peuple est assemblé par centuries. Le consul Métellus a trouvé les auspices favorables, et, sur son ordre, des héraults ont convoqué le peuple.

L'étendard blanc flotte sur le Janicule; ancienne coutume qui rappelait aux Romains le temps où, entourés de toutes parts par des peuples ennemis, un corps armé devait veiller sur les comices! Aujourd'hui, les peuples étaient soumis; mais la corruption, ennemi plus difficile à vaincre, s'était glissée dans le Forum, et les Romains ne la redoutaient pas.

Le Champ-de-Mars suffit à peine aux rangs pressés du peuple. Les compétiteurs tentent un dernier effort ; ils étudient l'aspect de la foule ; leurs agents se multiplient, confirment les promesses, encouragent les zélés, raffermissent les indécis.

Métellus paraît : le *palu damentum*, manteau militaire de couleur écarlate, orné d'or et de pourpre, orne son épaule gauche ; douze licteurs le précédaient ; leurs faisceaux étaient armés de haches. Ils s'abaissaient devant l'assemblée, pour rendre hommage à la souveraineté populaire.

Les *diviseurs* rangent le peuple par centuries : chaque centurie est divisée en deux sections ; celle des *plus vieux* comprend les citoyens âgés de quarante-six à soixante ans ; celle des *plus jeunes* comprend ceux de dix-sept à quarante-six ans.

Les tribus dispersées accoururent, et vinrent se ranger le long de la voie Recta, devant les parcs, *septa* ou *ovilia*, grand parallélogramme de quinze cents pieds de long sur deux cents de large, divisé en sept galeries par des barrières.

Alors, pour se conformer à un de ces anciens usages qui deviennent une ironie lorsqu'ils ne sont plus protégés par l'austérité des mœurs, les candidats s'éloignèrent de la foule et se retirèrent sur la *colline*, à l'extrémité septentrionale des parcs, dans la partie la plus large du Champ-de-Mars. Ils se montraient ainsi au peuple et rendaient hommage à la liberté de son vote. Vain mensonge, qui ne sauvait même pas l'honneur des élections !

Métellus invoque les dieux ; jamais invocation n'eut lieu plus à propos, si les dieux daignèrent l'exaucer. Il lut le sénatus-consulte qui ratifiait d'avance les choix du peuple, tira au sort la centurie prérogative (celle qui devait être appelée la première), et proclama les noms des compétiteurs : « Quirites, voulez-vous pour consuls, César, Luccéius ou Bibulus ? »

Chaque tribu, chaque centurie furent successivement appelées, en commençant par la *centurie prérogative.*

Des petits ponts étroits, élevés de trois ou quatre pieds au dessus du sol, livraient passage aux sept divisions des parcs ; au bout de ces petits ponts était placé un haut panier cylindrique. Chaque centurie appelée débouchait par une galerie et sur les ponts ; les citoyens recevaient trois tablettes de buis, longues chacune de quatre doigts, marquées à la première lettre du nom des candidats. Ils votaient en conséquence, en jetant dans le panier celle des trois tablettes qui représentait leur vote. Un garde était placé à côté du panier pour empêcher les citoyens d'y jeter plus d'une tablette ; précaution très sage , et qui forçait au moins chaque individu à ne vendre que sa voix.

Les candidats assistaient à ce spectacle du haut de la colline ; mais s'ils ne pouvaient plus briguer les suffrages, leurs amis ne s'en montraient que plus acharnés ; c'était le moment décisif ; beaucoup de citoyens, agents de la corruption, non seulement votaient, mais faisaient voter. Ils surveillaient les tablettes jetées dans le panier, et contrôlaient ainsi l'exécution des marchés.

Après le vote de la centurie prérogative, les rogateurs, qui recueillaient les tablettes , constataient le résultat du vote ; ceux qui retiraient les tablettes de la corbeille avaient les bras nus ; d'autres comptaient les suffrages, en marquant des points sur une grande tablette. César et Luccéius avaient réuni la majorité des suffrages dans la centurie prérogative, dont le vote entraîne le plus souvent celui des autres centuries ; aussi César avait-il prodigué les millions de sesterces dans cette centurie. Les autres furent successivement appelées, et le hérault proclamait le résultat du vote, qui était diversement accueilli par les amis des candidats, selon qu'il était favorable ou défavorable.

L'élection de César était certaine ; celle de Luccéius paraissait assurée ; les amis de Bibulus tremblaient ; Métellus sentit le danger ; et, comme président des comices, il interrompit les opérations du vote et harangua le peuple. Métellus jouissait d'une haute considération, et sa voix semblait devoir balancer les sourdes menées de la corruption. Il protesta de son respect pour la liberté des élections ; mais, rappelant les dangers d'une guerre imminente avec les barbares des Gaules, il insista sur la nécessité de nommer un consul dont l'habileté militaire fût une garantie du succès ; et, s'adressant à Luccéius, il l'interpella sur la nullité bien connue de ses talents militaires.

Luccéius est furieux ; ses amis se récrient ; Métellus fait rappeler au suffrage les centuries qui ont déjà voté ; les choses changent d'aspect, et la majorité se reporte sur Bibulus.

Pouvoir d'un homme de bien ! s'écriera-t-on ; mais les discours de Métellus avaient permis aux amis de Bibulus de tenter un dernier effort et de réparer le temps qu'ils avaient perdu ; car ils avaient été devancés par César et Luccéius dans la voie de la corruption. Ce dernier, malgré toutes ses richesses, ne put pas lutter contre une véritable cotisation qui s'était établie entre les patriciens et les défenseurs du sénat, pour faire nommer Bibulus. Grâce à cette association et à une nouvelle mise de fonds, la harangue de Métellus produisit un entier effet, et l'influence d'un homme de bien parut ramener un peuple corrompu.

Métellus proclama César et Bibulus consuls ; les détails et le résultat du vote furent transcrits sur les registres publics. Aussitôt l'étendard qui flottait sur le Janicule disparut ; les comices étaient terminés.

Les consuls désignés rentrèrent dans la ville au milieu des flots du peuple ; ils portaient sur leur figure l'air de satisfaction que donne le sentiment d'un droit acquis : aussi l'affabilité avait déjà disparu.

César et Bibulus s'arrêtèrent dans le Forum, montèrent sur les rostres et remercièrent le peuple. Puis ils se rendirent au Capitole, et offrirent des actions de grâces aux dieux ; car, dans les sottises des hommes, les dieux ont toujours été privilégiés.

Quant à Luccéius, il s'était enfui ; quelques amis avaient protégé sa retraite, et l'avaient sauvé des avanies de la populace.

Les consuls reçurent dans leurs maisons les félicitations de leurs amis, et depuis leur nomination, ils s'étaient prodigieusement accrus. L'atrium présentait aux regards, les images des ancêtres couronnés de lauriers.

Le sénat ne se félicita pas longtemps de son triomphe. César éclipsa Bibulus ; il accomplit tous ses projets ; il exécuta d'abord le traité qu'il avait conclu avec Pompée et Crassus ; les actes de Pompée furent ratifiés ; il eut le gouvernement de l'Espagne pour cinq ans ; Crassus eut la Syrie ; César se donna la Gaule ; il préparait sa dictature par de nouvelles victoires. La distribution des domaines de Campanie lui valut vingt mille partisans ; le corps des chevaliers fut gagné par le rabais d'un tiers sur les fermes des tributs. Ces lois furent combattues dans le sénat par Caton et Bibulus ; mais lorsqu'ils voulurent descendre dans le Forum, le peuple, ameuté, les en chassa à coups de pierres. Le sénat approuva avec serment, et, dès lors, Bibulus laissa la place libre à César ; aussi les plaisants désignèrent cette année, par le consulat de *C.* et de *J. César.*

Les Romains se consolèrent de la tyrannie en gens d'esprit ; la dernière ressource des peuples corrompus est de siffler les ambitieux portés au pouvoir par la corruption même. On appelait les triumvirs les *flatteurs du peuple ;* la haine contre eux était populaire, et les triumvirs étaient arrivés à la dictature en flattant le peuple. Bibulus, homme d'esprit , déchirait ses ennemis dans ses mordantes protestations. La foule se pressait partout où elles étaient affichées. Bibulus triomphait.

La république était perdue sans ressource : elle était livrée comme une proie facile aux plus audacieux. La résistance de Caton, les sifflets du peuple, les murmures des honnêtes gens, le frémissement de l'Italie, n'avaient servi qu'à irriter les triumvirs. Le tribun Clodius se débarrassait par le meurtre et l'exil de tous ceux qui lui déplaisaient. Pompée comptait toujours sur l'anarchie pour gouverner seul. La mort de Crassus le mettait en présence de César. L'anarchie qui dévorait Rome amena enfin Caton au consulat. Ces élections furent au moins l'impression du besoin de l'ordre, qui était senti par la majorité des citoyens. Mais Rome n'était plus reconnaissable ; tout était changé; la dignité consulaire n'était plus rien. La constitution était perdue ; il n'y avait plus même l'apparence des lois. Les *honnêtes gens* étaient sans courage : il fallait se conformer au temps et se rappeler une maxime de Platon, applicable à certaines époques de révolution : *Qu'on ne fasse pas d'opposition inutile, et qu'on ne se mêle pas des affaires d'un peuple radotant de vieillesse.* La sagesse consistait donc à modifier ses désirs et ses opinions. L'obstination était imprudente ; en cédant à la tempête, on ne gagne pas le port; mais on change de voiles, et ce moyen peut y conduire. Les hommes politiques sont exposés, il est vrai, en pareilles circonstances, à s'entendre traiter d'hommes légers et de transfuges ; mais c'est le moindre danger. Avant tout, il faut faire bonne contenance.

Le moment de la lutte approchait; le sénat se rangeait du côté de Pompée contre César; mais, de toutes manières, la république était sacrifiée. Il n'y avait plus de bon parti à prendre. Le sénat laissait les provinces sans commandement; les chevaliers n'avaient jamais été attachés à la république ; les commerçants et les agriculteurs ne cherchaient qu'à vivre en repos. César avait pour lui les troupes, la populace de Rome, sa gloire

militaire et son audace. S'ils étaient vaincus, les défenseurs de la république perdaient la vie ; s'ils étaient vainqueurs, il perdaient la liberté. Caton lui-même *préférait la servitude à la guerre civile.* Pompée est vaincu à Pharsale. César devient le seul maître, le seul et le plus grand *flatteur du peuple.* Comblé de largesses et rassasié de spectacles, César veut régner : le peuple s'en offense ; il veut bien se vendre ; il ne veut pas obéir. *César , prends garde aux ides de mars !* Mais les ides de mars n'abolissent pas la tyrannie ; elles en préparent une autre.

Tel est le sort d'un peuple corrompu : il ne peut plus reconquérir la liberté. L'avènement d'Auguste est un bienfait.

Imprimerie de RAYNAL, à Rambouillet.

* 9 7 8 2 0 1 4 0 6 4 3 3 9 *